Ruth Heil · Weihnachtsleuchten

Ruth Heil

Weihnachtsleuchten

24 Advents- und Weihnachtswünsche

johannis

Statt eines Vorworts

Weihnachten
Sehnsucht nach Licht
Sehnsucht nach Geborgenheit
Sehnsucht nach Frieden
Sehnsucht nach Liebe

Realität
Stress
Einsamkeit
Missverständnisse
Dunkelheit
Traurigkeit

Ausweg
Selbst zur Kerze werden,
sich vom Licht entzünden lassen!
Das Licht hat einen Namen:
Es ist Jesus Christus.

Zünden Sie in diesen Tagen täglich eine Kerze an
und lassen Sie es ganz bewusst Weihnachten werden!

1.

Mich anzünden lassen

Mache dich auf, werde licht; denn dein Licht kommt!
Jesaja 60,1

Mich aufmachen!
Nicht sitzen bleiben, Trübsal blasen
und jammern: Es ist doch immer dasselbe.

Nein, stattdessen aufbrechen!
Mich anzünden lassen,
meine Kerze hinhalten,
geben, was ich habe,
und Gott darum bitten, es zu gebrauchen.

Meine Lebenskerze ist dazu da, angezündet zu werden,
damit es licht wird
für mich und andere.

Herr, aufbrechen kommt mir vor wie eine zusätzliche Forderung. Aber eigentlich ist sich anzünden lassen gar keine neue Anstrengung. Herr, ich halte dir meine Lebenskerze hin. In mir ist es so dunkel. Bitte, zünde mich neu an!

2.

Warten einüben

Als aber die Zeit erfüllt war ...
Galater 4,4

Auf was warten wir?
Oder auf wen?
Wie viele Wünsche in unserem Leben,
die sich nach Erfüllung sehnen:
Aufhören von Schmerzen,
Versöhnung in der Familie,
finanzielle Verbesserung,
Entlastung bei Sorgen,
Umkehr oder Heilung eines Menschen, den wir lieben.

Als die Zeit erfüllt war,
konnte Gott unsere Verzweiflung nicht länger mit ansehen.
Da schenkte er uns das Beste,
was er hatte, seinen einzigen Sohn.

Vater im Himmel, ich danke dir für deinen Sohn Jesus. In meinem Leben sind noch viele Wünsche offen. Manche sind mir sehr wichtig. Ich will dir glauben, dass du mich hörst, wenn ich mit dir rede. Hilf mir auszuhalten, bis deine Zeit da ist.

3.

Beten lernen

Fürchte dich nicht, denn dein Gebet ist erhört.
Lukas 1,13

Zacharias ist im Tempel.
Er hat Dienst.
Dabei begegnet ihm ein Engel
mit der Botschaft: Dein Gebet ist erhört.
Doch für Zacharias ist die Uhr abgelaufen.
Seine Frau und er sind zu alt für ein Kind.

Da ist meine Angst:
Gott hört mich ja doch nicht.
Aber Gott ermutigt mich:
Warte auf meine Zeit.
Ich werde nicht zu spät kommen.

Herr, manchmal will ich aufgeben. Hörst du mich überhaupt? Oder bist du irgendwo im Weltall und kümmerst dich nicht darum, wie es mir geht? Herr, heute werde ich neu beginnen, voller Vertrauen meine Bitten vor dir auszusprechen und sie an dein Herz zu legen.

4.

Mich annehmen mit meinem Namen

Und Zacharias schrieb: Er heißt Johannes.
Lukas 1,63

Wer gab mir meinen Namen?
Nach wem bin ich genannt?
Wie wird mein Name ausgesprochen?
Liebevoll, hart, fordernd?
Wie würde ich gerne heißen?

Wer seinen Namen nicht mag,
kann sich selbst oft nicht leiden.

Aber da ist einer, der liebevoll meinen Namen ruft.
Er kannte mich von Anfang an.
Er wollte, dass ich lebe.
Er freut sich über mich. Es ist Jesus Christus.

Herr, wenn ich mich selbst nicht leiden kann, wie kannst du mich dann leiden? – Oh, du siehst mich anders? Es heißt, dass der, den man mit Augen der Liebe ansieht, immer schön ist. Herr, lass mich heute im Spiegel deine Augen entdecken!

5.

Den Weg bereiten

Du wirst dem Herrn vorangehen, dass du seinen Weg bereitest.
Lukas 1,76

Welche Rolle will ich spielen?
Johannes begab sich ohne Widerrede in seine Aufgabe.
Er wollte dienen,
er wollte den Weg bereiten für den Herrn.
Ihn wollte er groß machen, nicht sich.

Wem könnte ich heute Wegbereiter sein,
wem Freude bereiten,
ohne etwas dafür zu erwarten?
Wo wartet jemand auf meine Mithilfe
oder meine Ermutigung?

Herr, mein Wunsch wäre eigentlich, dass mir jemand den Weg bereitet, mir etwas abnimmt. Nun aber soll ich der Wegbereiter sein. Fast möchte ich unwillig werden. Aber wenn du mitgehst, Herr, werde ich gehen. Hilf mir dabei! Lass mich erfahren, wie ich selbst dabei getröstet werde, wenn ich beginne zu trösten.

6.

Ja zu schwierigen Umständen

Siehe, du wirst schwanger werden und einen Sohn gebären.
Lukas 1,31

Maria empfängt ein Kind
unter äußerst schwierigen Umständen.
Sie weiß, dass es sehr schwer werden wird.
Nicht jeder wird begeistert sein.
Aber sie vertraut darauf,
dass Gott sie begleiten wird,
täglich, stündlich.
Mit Gottes Hilfe wird sie es schaffen.

In welcher Lage du dich auch befindest,
da ist einer, der dich sieht und versteht.
Er schickt dir seinen Engel, auch wenn du ihn nicht sehen kannst.
Und er hat einen Weg für dich.

Herr, deine Wege sind manchmal schwer zu verstehen. Hier sind sie, meine Lebensumstände. Ich zähle sie dir einzeln auf. Gegen alle Zweifel zünde ich heute das Licht der Hoffnung an. Ich will dir glauben, dass du einen guten Weg für mich hast.

7.

Ich nehme den Menschen an meiner Seite an.

Josef aber, ihr Mann, war fromm und wollte sie nicht in Schande bringen, gedachte aber, sie heimlich zu verlassen.
Matthäus 1,19

Josef wollte Maria nicht bloßstellen.
Er wollte nicht böse an ihr handeln.
Doch er sprach nicht mit ihr über die Schwangerschaft,
die ihn verletzte, weil er nicht der Vater war.
Heimlich wollte er sie verlassen.

Vor wem habe ich mich zurückgezogen,
weil ich ihn nicht verstehe?
Von wem fühle ich mich verletzt?

Herr, ich verstehe nicht, warum Menschen, die ich liebe oder schätze, mich durch ihr Tun oder ihre Worte verletzen. Ich möchte mich zurückziehen wie Josef. Oder ich reagiere wütend und verletze durch meine Reaktion. Bitte, Herr, hilf mir, dass ich den Menschen, der mir Not bereitet, heute neu annehme, auch wenn ich ihn (noch) nicht verstehen kann.

8.

Mitfreude

Elisabeth sprach: Gepriesen bist du unter den Frauen!
Lukas 1,42

Maria besucht Elisabeth.
Elisabeth neidet Maria nicht,
dass sie Gottes Sohn in sich trägt.
Sie freut sich aufrichtig mit.
Ihr Herz hält sich nicht auf mit Vergleichen,
wem Gott die größere Gabe gegeben hat.
Elisabeth staunt über Gott
und bewundert Maria mit ihrem
unerschütterlichen Glauben.

Ich will mich heute mitfreuen,
wenn etwas gelingt,
auch wenn es nicht mein Erfolg ist.

Herr, manchmal ist es schwer, sich mitzufreuen, wenn ich sehe, wie du manche Menschen begabt hast. Dann fühle ich mich von dir benachteiligt. Lehre mich, dich im anderen zu entdecken und dich darüber anzubeten. Zeig mir, wo du mich mit meinen Gaben gebrauchen willst.

9.

Glauben praktizieren

Selig bist du, die du geglaubt hast!
Lukas 1,45

Wer bestimmt mein Denken?
Zweifel, Ängste, Sorgen?

Eva hörte im Paradies auf die Stimme der Schlange.
Das wurde ihr zum Verhängnis.
Und nach ihr der ganzen Menschheit.

Maria aber hat Gott Glauben geschenkt.
Gegen alle menschliche Vernunft
hielt sie fest an dem, was ihr gesagt worden war.

Wessen Stimme schenke ich Glauben?

Herr, ich möchte dir mehr Glauben schenken als den zerstörerischen Versuchungen und Ängsten, die mein Leben bestimmen wollen. Ich prüfe die Stimmen in mir und entscheide mich dafür, auf deine Stimme zu hören.

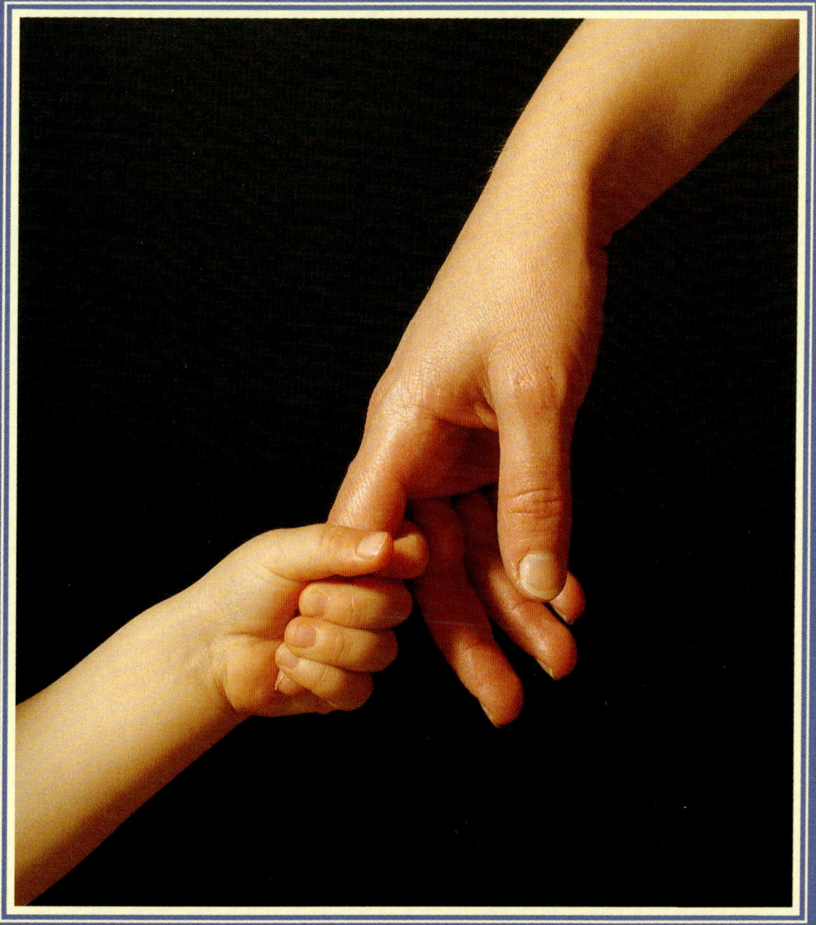

10.

Loben und singen

Und Maria sprach: Meine Seele erhebt den Herrn, und mein Geist freut sich Gottes, meines Heilandes.
Lukas 1,47

Maria lobt Gott.
Sie lässt sich durch die Situation
nicht daran hindern,
Gott ein Lied zu singen.
Eigentlich hätte sie Grund zum Jammern:
Als Verlobte ist sie schwanger,
im Dorf blüht die Gerüchteküche,
später erwartet sie die Verpflichtung
zu einer Reise mit Riesenstrapazen.
Doch Maria singt Gott ein Lied.

Welchen Liedvers könnte ich heute anstimmen
und Gott damit loben?

Herr, gib mir den Mut, dir mitten in den Schwierigkeiten ein Lied zu singen. Öffne meinen Mund zum Lob darüber, dass du einen guten Plan für mein Leben hast. Herr, ich zünde eine Kerze an in meiner Dunkelheit und singe dir jetzt einen Liedvers.

11.

Entdecken, wer ich vor Gott bin

Du Bethlehem Efrata, die du klein bist unter den Städten in Juda, aus dir soll mir der kommen, der in Israel Herr sei.
Micha 5,1

Ein kleines Dorf, Bethlehem.
unbedeutend in den Augen der anderen.
Fühlst du dich manchmal auch so?
Abgestempelt, ungenügend, klein.

Gott hat andere Maßstäbe als wir Menschen.
So, wie dieses kleine Dorf
Geburtsort für den Erlöser wurde,
ist auch dein Leben für ihn
bedeutend und wertvoll.
Du trägst sein Bild.

Herr, ich trage dein Bild? Da ist so viel Ablehnung und Traurigkeit in meinem Leben. Ich fühle mich so ungenügend. Doch heute will ich das Gute in meinem Leben aufschreiben und an die Wand heften. Ich will dir mehr Glauben schenken als der Meinung der anderen.

12.

Raum in der Herberge schaffen

… denn sie hatten sonst keinen Raum in der Herberge.
Lukas 2, 7

Überbelegt, die Unterkünfte in Bethlehem.
Zu beschäftigt die Gastwirte,
überfordert die Bedienungen.
Jeder in Eile.
Keine Zeit!
Unerkannt kam
die Familie des Königs im Stall unter.

Erkennst du ihn, wenn er bei dir anklopft?
Ist dein Herz bereit, ihm zu begegnen?
Hast du Zeit für ihn, wenn er mit dir reden will?
Sei wachsam, vielleicht kommt er heute vorbei.

Herr, kannst du nicht im Januar kommen? Zu Weihnachten bin ich so beschäftigt. Die Fenster sind noch nicht alle geputzt, es fehlen noch manche Geschenke. Und morgen ist Chorprobe und übermorgen die Weihnachtsfeier im Kindergarten. – Herr, bitte komm heute! Ich möchte nicht, dass du im Stall unterkommen musst!

13.

Kerze der Herrlichkeit

Die Klarheit des Herrn leuchtete um sie.
Lukas 2,8

Dunkelheit lag über Bethlehem.
Alltagstrott bei den Hirten.
Auch bei mir will die Traurigkeit den Tag bestimmen.
Äußerer Trubel überdeckt meine innere Einsamkeit.
Ich fühle mich allein – mitten unter Menschen.
Solange ich funktioniere,
scheint alles ungestört, aber leblos seinen Gang zu gehen.

Doch plötzlich geht ein Licht an!
Die Herrlichkeit Gottes strahlt die Hirten an.
Ich verkündige euch große Freude, sagt der Engel.

Mir rufst du, Herr, heute ganz persönlich zu:
Ich verkünde dir große Freude!
Sei getrost, ich bin mit dir!

Herr, dein Licht, ich brauche es auch für diesen Tag. Leuchte mich an, durchleuchte mich! Komm in mich, du Lebenslicht! Lass mich leuchten und für jemand anders heute zur Kerze werden, dass es auch bei ihm hell werde.

14.

Für jemanden ein Engel werden

*Und der Engel sprach zu den Hirten: Fürchtet euch nicht!
Euch ist heute der Heiland geboren.*
Lukas 12,10.11

Fürchtet euch nicht, ruft der Engel den Hirten zu.
Unser Leben aber lehrt uns das Fürchten:
vor Krankheit, Tod, Unfall, Enttäuschung …
Uns will angst und bange werden.
Deshalb brauchen wir Menschen, die uns
zurufen: Fürchtet euch nicht!
Euch ist heute der Heiland geboren!
Es gibt einen Ausweg:
Jesus lebt, Jesus Christus ist da!
Er will dein Heil und dein Heiland sein.

Herr, wie soll gerade ich diese Botschaft weitersagen? Du weißt, dass ich in meiner Verzagtheit die Botschaft des Engels: »Fürchte dich nicht« für mich brauche. Herr, ich gebe meinem Herzen einen Stoß. Dieses »Fürchtet euch nicht« gilt nicht nur mir. Es gilt allen. Und indem ich es weitergebe, mache ich mich mit den anderen auf den Weg zum Stall, zu dir.

15.

Frieden im Herzen

Ehre sei Gott in der Höhe und Friede auf Erden.
Lukas 2,14

Friede ist nicht Abwesenheit von Krieg.
Friede ist auch nicht dort,
wo es leise ist, weil man sich nichts mehr zu sagen hat.

Friede ist da, wo Jesus Christus anwesend ist.
Wo er Mittelpunkt ist, wird Gott geehrt.
Sein Recht bekommt Gültigkeit.
Und das heißt: Vergebung, Gnade, Barmherzigkeit.

Dann ist meine größte Sehnsucht,
dass Gott die Ehre bekommt,
größer als die Frage der Schuldklärung.

Herr, ich bringe dir meine Schuldner, die Menschen, die mich verletzt haben. Solche, die es unwissend, und die anderen, die es vorsätzlich taten. Hier nenne ich sie dir mit Namen. Ich gebe dir mein Recht auf Rache ab, damit Frieden werden kann. Komm du, Herr, und heile meine Wunden.

16.

Zur Krippe gehen

Da sprachen die Hirten untereinander: Lasst uns nun gehen nach Bethlehem.
Lukas 2,15

Hirten sind unterwegs zum Stall.
Gegen alle Logik machen sie sich auf den Weg.
Glauben beginnt im Herzen, nicht im Kopf.
Hingehen und dann selbst sehen, was Gott getan hat!

An die Krippe treten,
Schuld erkennen und eingestehen,
die eigene Hilflosigkeit zugeben,
kapitulieren vor der Liebe,
die ohne Vorwurf einfach nur liebt.
Und deren einzige Sehnsucht es ist,
uns heil zu machen.

Herr, in deiner Gegenwart liegt meine Schuld offen vor mir wie ein aufgeschlagenes Buch. Und doch verachtest du mich nicht. Deine ausgebreiteten Hände sind dein Angebot der Vergebung. Herr, ich bin überwältigt von solcher Liebe.

17.

Die Kerze des Verstehens

Ihr werdet finden das Kind in Windeln gewickelt und in einer Krippe liegen.
Lukas 2,12

Wer möchte schon in einer Futterkrippe liegen
nach der Geburt?
Was haben wir selbst als Baby
oder als Kind schon mitgemacht?
Armut, vielleicht auch Flucht?
Ängste und Verletzungen ausgehalten.

ER lag auch in einer Krippe.
ER war auf der Flucht.
ER hat Missverständnisse und Beleidigungen ertragen.
Deshalb lag ER in der Krippe.
Um uns vollkommen zu verstehen.

Herr, lass die Verletzungen meines Lebens dazu dienen, dass ich sensibel werde für die Schmerzen des anderen. Heile du mich, damit ich anderen sagen kann, wie und wo sie heil werden können. Heute will ich ganz bewusst jemandem zuhören und versuchen, ihn zu verstehen.

18.

Ja sagen zu durchkreuzten Wegen

Wer ein solches Kind aufnimmt in meinem Namen, der nimmt mich auf.
Matthäus 18,5

In jedem Kind begegnet uns
Gott selbst.
Er gibt diese Kleinsten
in den Schoß einer Frau,
in die Verantwortung eines Mannes,
vertraut sie uns unfertigen Menschen an.

Das Kind finden heißt immer neu:
Ja sagen zu Gott,
Ja sagen zu seinem Weg,
auch wenn er den unseren durchkreuzt.
Ihm zutrauen, dass sein Weg
besser ist als meiner.

Herr, hilf mir, die anstrengenden Kinder anzunehmen. Lass sie mich sehen mit deinen Augen. Gib mir Liebe zu den schwierigen und Weisheit, mit ihnen umzugehen. Lehre mich, Ja zu sagen zu durchkreuzten Wegen, auch was Kinder angeht.

19.

Den König suchen

Als Jesus geboren war, kamen Weise nach Jerusalem und sprachen: Wo ist der neugeborene König der Juden?
Matthäus 2,2

Wo ist der neugeborene König?,
fragten die Weisen den König Herodes.
Sie suchten im Palast.
Aber der König der Könige war im Stall,
nicht im Palast.

Mitten im Alltagsgeschehen
will ich IHN heute suchen,
sei es beim Einkauf oder im Büro.
Ich will einen Traurigen trösten,
einen Menschen ermutigen,
einen Kranken besuchen
oder für jemanden beten.

Herr, du bist nicht nur in der Kirche. Manchmal begegnest du mir auf der Straße im Gesicht eines Traurigen oder indem ich zufällig jemanden treffe, der gerade Trost braucht. Lass mich nicht bis Sonntag warten, um dir zu begegnen.

20.

Mein Herz ist gefragt

In Bethlehem, in Judäa, denn so steht geschrieben ...
Matthäus 2,5.6

Die Gelehrten hatten die richtige Antwort.
Sie fanden durch Studieren heraus,
wo der neue König geboren werden sollte.
Aber sie machten sich nicht auf den Weg.

Wissen allein genügt nicht,
um dem König der Könige zu begegnen.
Das Wissen über Gott
muss in unser Herz fallen.
Wir müssen uns auf den Weg zu ihm machen,
ihn von Herzen persönlich suchen.
Und dann werden wir ihn auch finden.

Herr, wie viel Streit über die Bibel! Was ist bewiesen, was nicht? Was kann ich da noch glauben? Willst du mir vielleicht heute sagen, dass das Wissen nicht ausreicht? Herr, ich will aufhören, über dich zu diskutieren, und einfach zu dir gehen, um mit dir zu sprechen. Herr, hier ist mein Herz, ich glaube, hilf meinem Unglauben.

21.

Freude zulassen

Als sie den Stern sahen, wurden sie hocherfreut.
Matthäus 2,10

Müde waren sie, verschwitzt, staubig
und vielleicht auch etwas verwirrt,
wie sie nun so kurz vor dem Ziel
nicht fündig wurden.
Da entdeckten sie auf einmal den Stern.
Sie lachten einander an, die Könige.
Möglicherweise begann einer gar vor Freude zu singen!

Wie gerne wäre ich damals dabei gewesen!
Damals? Jesus Christus ist heute für mich da.
Ich muss nur aufblicken zu ihm,
statt herunterzuschauen auf meine Umstände.
Und dann kommt sie auch in mich, die Freude.

Herr, das Lachen ist mir schon lange vergangen. Müde bin ich aufgestanden. Doch jetzt will ich neu Ausschau halten: Wo ist der Stern? Du bist da, Herr! Ich werde die Freude darüber jetzt zulassen. Dein Lachen auf meinem Gesicht soll heute meinen Nächsten mit einem Lächeln beschenken.

22.

Von Herzen schenken

Die Weisen taten ihre Schätze auf.
Matthäus 2,11

Die Weisen schenkten das Beste,
was sie hatten: Gold, Weihrauch, Myrrhe.

Alles, was wir für Jesus Christus tun,
ist aufbewahrt im Himmel.
Wie der andere damit umgeht,
ist seine Sache.
Wenn ich das, was ich schenke,
zuerst in die Hände Jesu gebe,
werde ich nicht enttäuscht darüber sein,
wenn mein Nächster nicht richtig damit umgeht.

Herr, das Beste will ich denen geben, die ich liebe. Aber dann entdecke ich voller Schmerz, dass ich nicht immer Dank dafür erhalte. Lehre mich, zu schenken dem, der es nicht verdient oder erwartet. Lehre mich, freimütig zu geben, ohne auf ein Gegengeschenk zu warten. Was ich an Gutem tue, bei dir ist alles aufgehoben. Ich will heute einen Menschen beschenken, der es nicht erwartet.

23.

Die Kerze der Kraft

Uns ist ein Kind geboren, ein Sohn ist uns gegeben, und die Herrschaft ruht auf seiner Schulter; und er heißt: Wunder-Rat, Gott-Held, Ewig-Vater, Friede-Fürst.
Jesaja 9,5

Bei dir ist Kraft, Herr!
Mitten in meiner Schwachheit
darf ich um deine Kraft bitten.
Wo ich keinen Rat weiß, werde ich dich um Rat angehen;
wenn Unfriede mich umgibt,
nehme ich dich als Friedensfürsten in mein Herz.

Alle Macht ist dir gegeben
im Himmel und auf Erden,
auch über mein Leben, über meine Schwachheit,
über mein Versagen, über meine Ängste.

Herr, hier bin ich mit meiner Kraftlosigkeit und meiner Überforderung. Hier bin ich mit meiner Ratlosigkeit und Rastlosigkeit. Komm du und fülle mich mit deiner Kraft. Ich öffne mich für dich. Zünde du die Kerze der Kraft in mir an.

24.

Die Weihnachtskerze

Euch ist heute der Heiland geboren!
Lukas 2,11

Heute bist du da für mich, Heiland,
der du meine verwundete Seele anrühren,
meine Schuld vergeben willst.
Heute sagst du zu mir:
Mein Kind,
bevor du im Schoß deiner Mutter warst,
kannte ich dich.
Ich liebte dich, als du noch nichts
von dir selber wusstest.
Für dich kam ich zur Erde,
für dich nahm ich Verrat und Schmerzen
auf mich.
Für dich ging ich ans Kreuz –
zu deinem Heil.

Herr, hier bin ich. Komm und wohne in mir. Lass mein Herz deine Krippe sein.

Bildnachweis:
Umschlag: Bildagentur Dr. G. Wagner
S. 7: Silvestris/Fotoservice; S. 9: Jakob/Photo Press; S. 11: K. Scholz;
S. 13: W. Layer; S. 15: H. Müller-Brunke; S.19: Eberharter/Dr. G. Wagner;
S. 21: W. Matheisl; S. 23: Ague/Dr. G. Wagner; S. 25: Diaf/IFA-Bilderteam;
S. 29, 35, 39, 41: H. Baumann; S. 31: Knöll/E. Geduldig; S. 33:
Photodesign Kirsch; S. 43, 45: E. Tomm; S. 47: Karin Lehmann

Bibliografische Information Der Deutschen Bibliothek
Die Deutsche Bibliothek verzeichnet diese Publikation in der
Deutschen Nationalbibliografie; detaillierte bibliografische Daten
sind im Internet über http://dnb.ddb.de abrufbar.

ISBN 3-501-05660-5
Johannis-Bild-Text-Band 05 660

Umschlaggestaltung: Friedbert Baumann
Gesamtherstellung: St.-Johannis-Druckerei, Lahr/Schwarzwald
Printed in Germany 15754/2004

www.johannis-verlag.de